LE MONDE SELON LE VER DE TERRE

EMIL FORTUNE

HANNAH PECK

TEXTE FRANÇAIS DE
LOUISE BINETTE

SCHOLASTIC

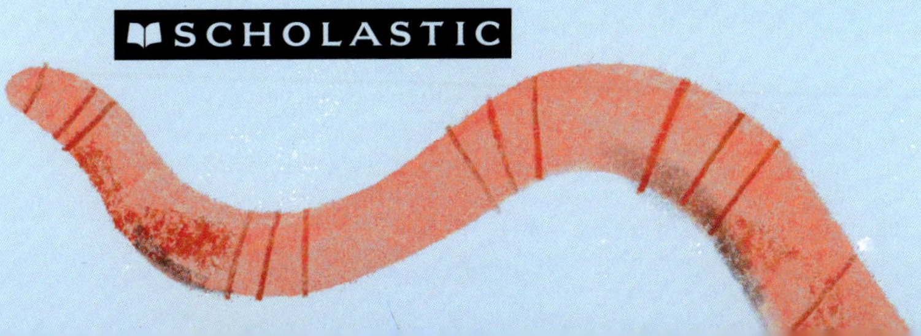

Catalogage avant publication de Bibliothèque et Archives Canada

Titre: Le monde selon le ver de terre / Emil Fortune ;
illustrations de Hannah Peck ; texte français de Louise Binette.
Autres titres: What the worm saw. Français
Noms: Fortune, Emil, auteur. | Peck, Hannah, illustrateur.
Description: Traduction de : What the worm saw.
Identifiants: Canadiana 20240511816 | ISBN 9781039712751 (couverture souple)
Vedettes-matière: RVM: Vers de terre—Ouvrages pour la jeunesse. |
RVM: Nature—Ouvrages pour la jeunesse.

Classification: LCC QL391.A6 F6714 2025 | CDD j592.64—dc23

Publié initialement en anglais en 2024 par Scholastic au Royaume-Uni.

Texte anglais d'Emil Fortune
Illustrations d'Hannah Peck
Andrew Salisbury – Chef de la santé des plantes, RHS
Helen Bostock – Spécialiste sénior des espèces sauvages, RHS
Conception graphique de Rachel Lawston

Édition publiée par les Éditions Scholastic,
2, rue Bloor Ouest, bureau 401, Toronto (Ontario) M4W 3E2, Canada.

6 5 4 3 2 Imprimé en Chine CP172 26 27 28 29 30

Salut!

Excuse-moi.

Je suis là, juste en bas.

Voilà, c'est ça.

Salut.

JE SUIS UN VER DE TERRE!

Oui, c'est moi :

long, rose et ondulant.

En fait, cette extrémité
est ma **tête.**
L'autre, c'est mon **derrière.**

As-tu du mal à distinguer ma **tête**
de mon **derrière?**

Eh bien, ça ne me dérange pas.

JE SUIS UN VER DE TERRE!

J’étais juste en train d’admirer ce jardin.

Il y a tant de fleurs et
d'arbustes magnifiques, ici!

Je me demande s'il y a de la place pour
un petit ver de terre comme moi?

J'aime passer la plupart
de mon temps sous terre.

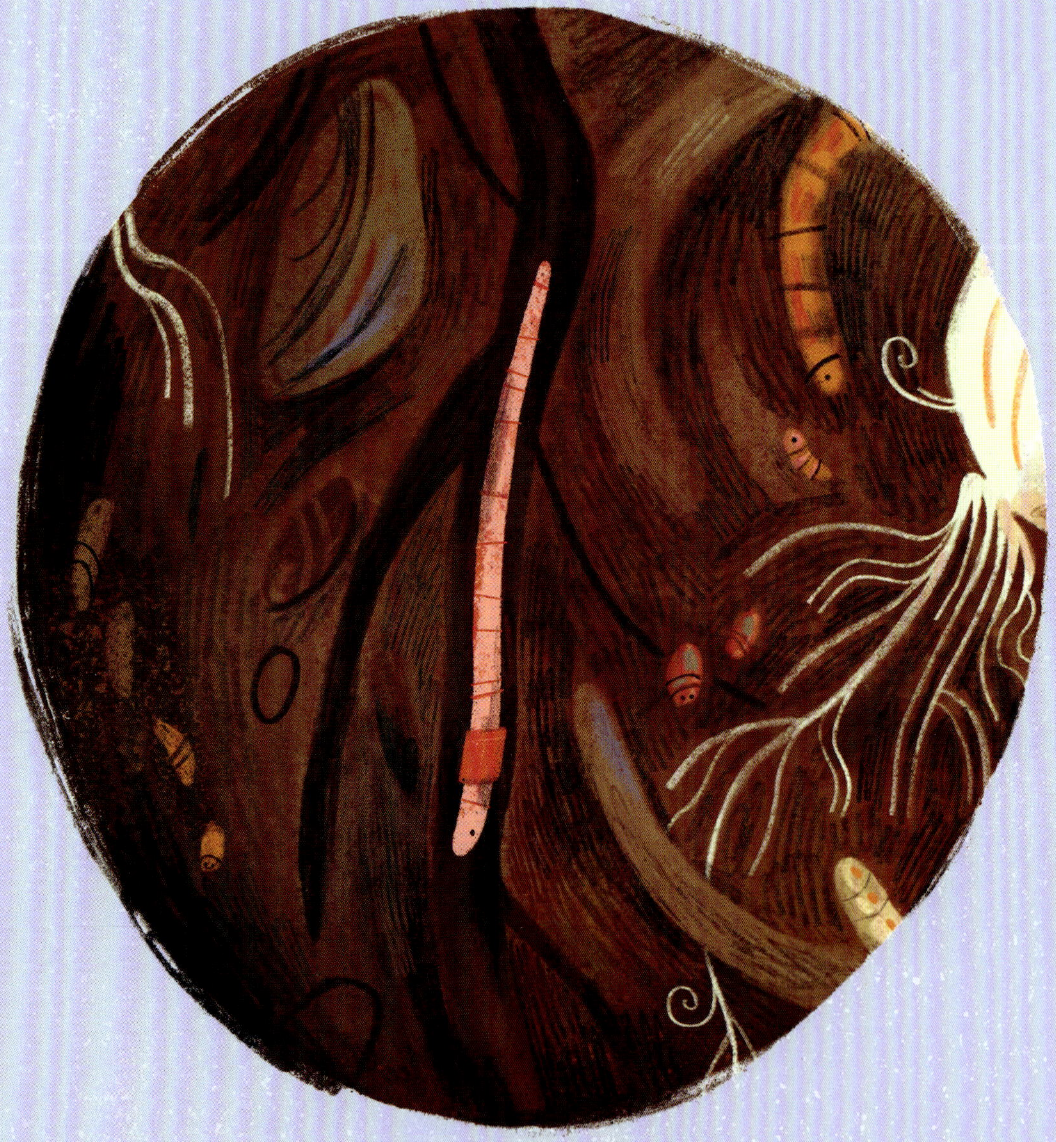

Je m'enfonce dans le sol sombre en me tortillant,
et je m'y construis un petit lit douillet.

Je ne t'embêterai pas.

C'est d'accord?

Ma maison peut
se remplir d'eau
quand il pleut.
Je remonte alors
à la surface.

J'adore les tas de feuilles.

Ma peau est humide, lisse et glissante,
mais ça me va.

JE SUIS UN VER DE TERRE!

Moi, c'est la nuit que je préfère.
Je sors la tête dans la fraîcheur du soir,
calme et immobile sous les étoiles.

Je n'ai pas de nez,
mais je peux goûter l'air.

Et toi, qu'est-ce que tu peux sentir?

Quand j'ai faim,
je cherche de la
nourriture.

Bonjour, les
jonquilles!

Bonjour, le pommier!

Bonjour, les roses et les haricots.

JE SUIS UN VER DE TERRE!

Rassure-toi, je ne vais pas te grignoter.
Je mange seulement les feuilles mortes
et les pétales tombés.

Je raffole des feuilles
quand elles sont
brunes, molles et
fanées, pas toi?

DÉLICIEUX.

Ça te dirait, un bon bol de vieille
laitue visqueuse pour dîner?
Je parie que oui!

Je suis un petit ver
de terre robuste et occupé, et
j’adore ce que je fais.

Le jardin m'adore aussi, car je nettoie et j'entretiens, je creuse et je laboure. J'élimine les débris pour faire place à du nouveau.

Quand j'ai terminé, c'est déjà l'heure d'aller au lit.
Mais peut-être que je ne suis pas seul ici, dans le jardin.

Je perçois de **grands pas sourds** quelque part...

Est-ce que ce serait...

J'espère que ce n'est pas...

Oh non. C'est...

UN HÉRISSON!!!

Ou plutôt,

UNE HÉRISSONNE!!!

J'espère qu'elle ne m'a pas vu, parce qu'elle aura vite fait de me gober comme un **spaghetti rose.**

Toi, mangerais-tu un ver de terre? J'espère que non!

JE SUIS UN VER DE TERRE!

Il est temps de filer!

OUF!

Je suis de retour sous terre,
à l'abri des hérissons,
des oiseaux et des grands
pieds des humains.

Je me déplace dans le
sol en dévorant toutes
les bonnes choses qui se
trouvent sur mon chemin.

Et à mesure que j'avance, je laisse derrière moi... eh bien, ce dont je n'ai pas besoin.

JE L'EXPULSE!

Ceci dit, mes crottes sont spéciales, car je suis un ver de terre.

Elles forment un terreau riche et foncé grâce auquel le jardin fleurira.

Me voilà maintenant
blotti en lieu sûr
pour dormir toute
la journée…

mais on se reverra bientôt pour tout recommencer.

Car...

LE SAVAIS-TU?

- Il existe plus de 5 000 espèces différentes de vers de terre dans le monde, et environ 30 au Royaume-Uni seulement.

- Les vers de terre jouent un rôle essentiel dans la nature, mais ils sont en danger en raison de la perte de leur habitat. Il est important de laisser les feuilles mortes au sol pour que les vers de terre s'y réfugient, et d'éviter les « gazons » synthétiques qui détruisent leur milieu naturel.

- Les vers de terre ont sur leur corps de minuscules soies raides qui les aident à se frayer un chemin dans le sol, de même qu'une fine couche de mucus qui les rend visqueux.

- Les vers de terre mangent de la terre et des matières végétales en décomposition qu'ils éliminent en faisant « caca ». Ils fournissent ainsi un fertilisant naturel et améliorent la structure du sol, ce qui permet aux plantes de pousser plus facilement.

- Chaque jour, un ver de terre peut manger l'équivalent de son propre poids en terre.

- Le plus long ver de terre jamais observé mesurait près de sept mètres!